Andreas Vierk
Tempus Fugit

Herstellung und Verlag:
BoD - Books on Demand, Norderstedt
ISBN 978-3-7448-1711-0

Andreas Vierk

# Tempus Fugit

**Sonette**

# Du bist eine quecksilberne Tür

# Meere

Vielleicht sind unsre Seelen weite Meere,
ein Fieberglanz in deinen Augenscherben.
Du bist nicht deine Haut. Du kannst nicht sterben.
Du treibst nur fort auf deines Atems Fähre,

lässt mich vor Anker unter Milch und Mond,
in meinen Räumen am Gestade liegen
und formlos meine Stirn in Wellen wiegen,
wo sie gespiegelt in den Schlieren wohnt,

bis sie dann aufreißt: eines Tropfens Haut,
der Himmel jäh zerweht in starken Winden
und jedes Selbst in *eine* Welle blaut,

in *eine* Liebe und in *ein* Erbeben.
Dort werd' ich deinen Atem wiederfinden,
dich mit mir in ein andres Dasein heben.

SIE IST GESCHÜTZT VON VIELEN ATMOSPHÄREN.
Die Weite ist ein einziges Arom.
Ihr stiller Mittelpunkt – Altar und Dom –
ist überspült von transparenten Meeren.

Hier draußen im Mistral mag sich verzehren
das Gift der Gärten, Leidenschaft, Atom,
und mag verfallen unterm Metronom
was wir erschaffen, lieben und verehren.

Auf deiner Haut der Schatten der Erhängten,
und in den Poren Aufruhr süßer Sonnen,
die Städte, die sich unterm Fahrtwind längten
sind schon in der Erinnerung zerronnen –

Du gehst und wehst. Und wenn du nichts mehr hältst,
dann ist's dein Innerstes, wohin du fällst.

# Geburt

Zur Stunde, da die Zeit zu nichts zerrann,
da wurde ich zum letzten Mal geboren.
Und zwischen Wurzeln lag mein Puls verloren,
als Knospengrün die Ewigkeit begann.

Unter der Zunge wollte sie entfalten
zunächst ein Lied, nur Kindermelodie,
da wurde meine Stirn zur Symphonie,
zerbarst zu Sternen, konnte nichts mehr halten.

Der Himmel spiegelte die Nimmerstunde,
und in mir träumte tief ein Ozean,
und meine Stirn war strahlenfächerweit.

Ein Schwarm von Kolibris zog seine Runde,
die Zeit war fort, ich starb im Löwenzahn,
und schmolz wie Glas in meine Wirklichkeit.

WENN DU NICHT WASSER BIST, wie kann es sein,
dass du so silbern für uns beide glänzt,
und alle meine Spinnweb-Brücken kennst?
Von meiner Zunge fällt in dich hinein,

der Obulus, das Blutgeld für die Fahrt,
die längst schon in dir angekommen ist.
Wie kann es sein, dass du nicht Wasser bist,
ein Spiegel, der vor meinem Blick verharrt?

Und fällt die Münze, dann erwachen Anden
in dir und werden flugs zu Lichtspiralen,
weil sie in dir erst hell und wirklich sind.

Mein Blick verquirrlt in ihren Sarabanden
mit jedem andren Licht auf Blätterschalen.
Dann wachst du auf, in mir ertrunknes Kind…

Ich liebe dich, weil du zerbrechlich bist,
fragil, vergänglich wie die weiße Zeit.
Dein Blick ist voller Weltverlorenheit,
wie Waldkapellenfenster aus Battist.

Dein Mund ist aus Marienglas, und nur
wenn du dein Lied singst ist er Wellentosen.
Dein Blut ist eine Handvoll Schaum und Rosen,
darin aus Messing eine Sonnenuhr.

Dein Gang! Schon bin ich einer Ohnmacht nah,
als würde mir ein Blumenschlaf gewoben,
ein Taumelwind aus leuchtenden Geschwüren.

Ich liebe dich, seit ich dich schreiten sah,
als würdest du das Tageslicht erproben
mit deinem Timbre birnengelber Türen.

# Waldlichtung

Kaum, dass der Flötenhauch den Wald durchzieht,
zerreißen alle Tauben ihre Schwingen,
die Drossel nickt, der Wind hört auf zu singen
und selbst der Plätscherbach verlauscht im Ried.

Kaum, dass die leichte Spur im Löwenzahn
vernehmbar ist, beugt sich das Gras ihr zu,
und alle Pulse schrecken aus der Ruh,
der Pfau bricht seinen Hals im Liebeswahn.

Wie ein Magnet veränderte es alles:
den Sonnentau, das Gift, mein Schierlingsblut,
selbst die Geschwindigkeit des Wasserfalles.

Und wie die Nacht, die auf den Blättern taut,
durchlief ein Dunkelstern die frühe Brut,
entriss der gelben Kehle Klagelaut.

## Ioanis Apostolos

Von Träumen eine transparente Kette
aus hellem Flussquarz oder Bergkristall,
sie spiegelt dir das dunkelblaue All
und *seinen* Mund, die rotgehöhlte Stätte.

Sie spiegelt dir das Tal, das aus der kleinen,
kelchlosen Glockenblume unbewusst
aufgrünt im Mai und schäumt schon im August,
wenn aus den Blättern *seine* Augen scheinen.

Muss auch der Lebenstraum in Herbst und Schlehen
wie eine Traube an dem Gaumen bluten
von *ihm*, der an der Buche hängt und lächelt?

Der Mond verwelkt in Kätzchenweidenruten.
Bald wirst du unter *seinen* Galgen gehen,
indes das Weltall deine Schläfen fächelt.

# Gestade

Zarte Schleier sind die Universen,
Irisspiegel, Glanz in deinen Blicken.
Trugwind, Täuschung und Bewusstseinsflicken
tropfen in die Spuren von den Fersen.

Schwarze Sterne sind in Blütendolden,
dort auch, wo dein Fuß den Boden trat,
dort bleibt verzuckerte Planetensaat.
Und Schattenspinnennetze funkeln golden.

Dennoch sind die Wesen alle Seelen,
blau und endlos, wie die Ozeane,
Küstenbänder unterm Donnergrollen.

Sternen quellen Lieder aus den Kehlen.
Und über Wolken rauchen die Vulkane.
Schäume tanzen leicht im Wellenrollen.

## Amor und Psyche

Ich küss dein Lid zu Wind und Blütenflug
und deinen Mund, den jähen Walnussgarten,
wo sich einst Bitterknospen offenbarten
und auf dem Brunnenrand ein Wasserkrug.

Erst jetzt gibt deine Zunge ihre Droge
und die Liebkosung ihre Woge frei.
Wie fern im Wind die rufende Schalmei
zerflüstern wir uns Amseldialoge.

Und ich zerdrück dich wie die Apfelsine
und mische in mein Blut dein helles Licht
bis unser Rhythmus in die Prismen bricht:
Sein Flug – ein Heiligtum der Honigbiene.

Wenn uns der Gischt zerwirft in Bucht und Gluten,
wird uns im Innern samt'ne Ruhe fluten.

AMSELN, MONDE, Drosseln, Nachtigallen:
sie wollen in dem Maulbeerstrauch ertrinken,
in eine blaue Wirklichkeit zu sinken.
Du hörst sie noch im Chor von Liebe lallen,

dann sind sie schon im Frühling aufgegangen,
wie ich an deiner Schulter singen will:
erst dröhnt die Hummel und dann wird sie still,
so wie ein Kuss zerschmilzt auf deinen Wangen.

Dein Schlüsselbein wird eine weiße Mole,
vielleicht auch eine Schleiereule sein,
vielleicht auch eine Stadt wie Cordoba,

um Puls und Tod die Schrift und Banderole
aus Kalk der Nachtigallen, Mondgestein,
die nur ein Sterbender in Nacktheit sah.

DER GLAUBE IST: die Reinheit zu bewahren,
der Schrei, in dem das Universum blüht,
die Qual, die in der kleinen Flamme glüht,
das Feuer mit der Seele zu verpaaren.

Der Glaube ist: das Glück in *dir* zu weiten,
obwohl im Blut die Bitterknospe schauert.
Der Glaube ist: den roten Löwen reiten,
weil doch die Freude in uns überdauert.

Der Glaube ist: die Wirklichkeit studieren,
und sie der Dummheit nicht anheim zu geben:
dem Schimmelpilz im Terrakottakrug.

Der Glaube ist: sich selbst nicht zu verlieren,
an Angst und honigmilden Selbstbetrug.
Der Glaube ist das Du in meinem Leben.

SIE IST SO KLAR UND SO ERFÜLLT VON DIR,
zerbirst schon fast vor lauter Fröhlichkeit.
Die Hände sind fragil und weiß von Zeit
wie Lebenslinien auf Schreibpapier.

An Fingerkuppen spielt die Bachforelle,
zerschmilzt an dir im matten Tageslicht.
Du hältst sie noch, und so vergeht sie nicht
und springt zurück in Existenz und Welle.

Die Quelle ist von einem Dunkelblau,
als will die Farbe in sich selbst ertrinken,
und hätte hier im Dasein nicht Bestand,

und doch wird die Kontur nicht ungenau,
als hieltest du sie kurz vor dem Versinken,
und wärst ihr Horizont und Sonnenrand.

WIE SICH DAS FELL DER KATZE SCHIMMERND STRÄUBT,
so krümmen sich Millionen Weltenräume.
Wir sind geworfen an die Küstensäume,
die Lippen sind von ihrem Kuss betäubt.

Wie wir uns eines Daseins Abendstimmung,
so mag die Zeit sich hingegeben beugen,
und unser Sterbenmüssen mag ihr zeugen
des fliegenden Delfins grazile Krümmung.

Wenn uns doch nur die Wellenbläue bliebe,
sie hin zu tragen in das Transzendente –
wie funkelte mit ihr das Seelenland!

Wie Raum und Zeit sich krümmen, so die Liebe:
Ein Tropfenbogen tausender Momente,
in denen sich die Jenseitsbrücke spannt.

# Meditation

Mein Atem will ein weißer Anker sein,
er hält mich zwischen beiden Sonnenhellen:
den Spiegeltüren in den Strahlenwellen,
dem Rauschen und dem stillen Gartenhain.

Der Gong wirft seine Fischernetze aus
und Klänge fangen Hang und Wasserfall.
Im Apfelblütenduft verschwimmt mein Haus.
Ich werde transparent wie Bergkristall.

Albino-Drosseln habe ich gefangen,
es ist ein Mond und noch ein zweiter Mond,
auf meiner linken Schulter sitzen beide.

Sie hatten einst an einem Wall gewohnt,
als einer Nächtin windgeformte Wangen.
Ich ließ sie fliegen über Rausch und Heide.

VOM LICHT GETROFFEN, das ihn rings umspült
in einem stillen Wirbel ohne Richtung,
steht er im Rinnsal der Platanenlichtung
hoch aufgereckt, sehr still, fast unterkühlt.

Der Wald verweht in Dunkelsternennacht,
als wär das Universum irreal,
der Raum, die Zeit und uns're Lebensqual,
und wirklich nur des Reihers Daseinsmacht,

nur dieser Glanz, der in sich selber ruht,
gestillt, geballt um tiefe Lavaglut,
bar jeder Leidenschaft und Zorn und Liebe,

und fern der Traum von Jugend, Balz und Brut.
Selbst wenn von ihm nur noch ein Hauch verbliebe,
er atmete sich aus – und es wär gut.

IM WALD DEN REIHER hat das Licht berührt,
es floss um ihn und brachte ihn zum Glimmen,
und rings um ihn verstummten alle Stimmen,
als würde er im Strahl hinauf geführt.

Was tut der Mensch, wird er vom Hauch getroffen,
der doch von je geschaffen ist zum Dichter?
Um seine Wangen spielen Abendlichter
und seine Nerven glühn vor lauter Hoffen.

Der Gänsezug verdoppelt sich im Weiher.
Die Liebe spiegelt die Familie
und ihre Menschlichkeit in Raum und Zeit.

Zur Sphinx im Blut wird jener stille Reiher,
ins Weh entblättert sich die Lilie.
Das Licht zieht weiter. Waren wir bereit –?

# Nachtmagnolie

Mein Traum ist eine Nachtmagnolie,
so schwarz, dass sie die Lichter widerspiegelt,
so ins Verschwiegene gehaucht, versiegelt,
dass ihre Haut dem Sein gereicht zur Folie.

Im Dunkel, als sie mir gewogen war,
bog sich die Zeit vor mir zum Zungenkuss.
So wechselte des Tages Haselnuss,
glomm fieberrot das Lied in ihrem Haar.

Am Fluss, an dem die gelben Hähne sangen
wie eine Handvoll Gold im Bergkristall,
schmolz meine Stirn in seine Silberschnellen,

wie welke Blätter sanken meine Wangen.
Aus ihren Rispen lösten sich die Zellen,
und eine Nuss glitt in den Wasserfall.

# Irisfarben

Für braune Augen bin ich aus der Erde
und werde ihnen bald aus Feuer sein.
Ich bin der Schlacke trüber Fackelschein.
Mag sein, dass ich so hell wie Schwefel werde.

Für grüne Augen muss ich nicht erblühen
und nicht wie Efeu über Gräber klettern.
Und meine Hände schreiben dunkle Lettern,
die in den Träumen rot wie Kupfer glühen.

Für blaue Augen, wie für blaue Herzen,
entfalte ich mich zart und lotosweiß,
weil sie die Gluten in mir ahnen sollen.

Und in den blinden Augen brenn' ich heiß.
In weißen Iris sterben tausend Kerzen,
doch Prismen atmen in geheimen Stollen.

SPIRALIG schwebt die Zeit im Endloskreis
um deiner Iris absturztiefe Meere,
sinkt rot ins Grannenhaar der Weizenähre,
und klettert strahlend durch den Futtermais.

In Sturz und Auftrieb ist sie windverstrickt,
wie in der ersten Strophe blaues Du.
Ich höre deinen Drosselliedern zu,
wenn Raum gerötet aus der Nessel blickt.

Ich sehe wie sich Raum und Zeit verbinden:
Zwei Ringe, die sich ineinander winden,
Libellen, die im Wasserspiegel schwirrn.

Sie sind wie wir aus einem Schrei erwacht,
in eines Menschen Seelensturz und Nacht,
und leuchten dennoch hell aus seiner Stirn.

DU BIST AUS GLAS und deshalb muss ich singen,
wenn du mich mit den Fingern zart berührst,
mit denen du auch deren Wimpern spürst,
die windverknüpft in Baum und Galgen hingen.

Du bist uralt und dreifach unterteilt,
doch fällt die Maske, wehst du frisch im Tau.
Du bist aus Porzellan, ein Kirchenbau,
den knistern lässt, wer allzulang verweilt.

Du schweigst aus dem Asphalt der Autobahn,
ein Schwefelkrater, noch nicht lang erloschen,
der still im mittagsfernen Weinstock sirrt.

Im Birnbaum landest du als Höckerschwan.
Ich bin entzückt von dir, doch mondverwirrt.
In meinen Händen blühen Judasgroschen.

## Strahlenwellen, Lichtbögen

Die Stunden vor, die Stunden nach der Zeit:
sie duften süß, sind hell und wasserklar.
Sie fließen ineinander unsichtbar
und blühn in ihrer Ungeborenheit.

Die Universen, wie sie sich verschränken,
sie werden reißen wie ein Blatt Papier.
Noch wollen sie den Seelen, mir und dir
und unsren Sinnen ihre Tiefe schenken.

Die Zeit, der Raum: sie singen ihre Lieder,
wie Wanderer, die schon vorüberziehn,
wie Regenbögen schmelzen Rot zu Blau.

Vergiss dich, der wie eine Sonne schien.
Bald blühn wir alle mit dem Jenseitsflieder.
Schon werden wir einander ungenau.

# Ornitologie

Der Kranich ist ein Gong, ein Wassermond.
Der Nebel glänzt aus ihm: ein blinder Fächer,
ein Hyazintenschlüssel, Neigenbecher,
ein Ende, das dem Anfang innewohnt.

Und unsre Seelen sind zwei weiße Pfauen,
aus fadenschmalem Sichelstrahl geboren.
Ich hab dich an den Tag aus Glas verloren,
muss ohne dich in meinen Schatten tauen.

Eisvogel, du bist voller Einsamkeiten,
so sehr, dass deine Brust von Fieber glüht.
Ich seh dich in der Algenwelle zittern.

Ich will auf einer Kronentaube reiten
aus spiegelblauem Pegasusgestüt
und will am Mondkorallenriff zersplittern.

# Blumensonett

Rosen dafür, dass mein Atem brennt
wenn ich an deinem dunklen Puls ertrinke.
Absurde Stirn, wo hast du deine Klinke?
Herzfaserjudas, der Verrat nicht kennt.

Mein Floß, die weißgestreifte Lilie,
verknistert unterm Mond wie Schreibpapier.
Mein Mund ist schneebestäubter Winterpier
und Mönch der lacht in der Vigilie.

Ein Mohnstrauß meiner Lider Bitterkeit,
ein Strudelmorgen, Narbe über Narbe
in meiner Stirn aus weißem Büffelhorn.

Ich weiß noch: deiner Hände Wiesengarbe
glitt von mir ab in Traumverlorenheit.
In deinen Haaren pochte Mutterkorn.

# Palmsonntag

*All going down to see the Lord Jesus*
**Queen**

Wir stiegen mit dir in uns selbst hinunter.
Wir fingen deine Meere in Vitrinen.
Wir träumten Reihen weißer Waschmaschinen.
Wir wuschen Harlekinskostüme bunter.

Du bläst die Flöte in den Jenseitsgärten.
Du hockst als Affe auf den Leierkästen.
Du trägst die Universen auf der Zunge.

Wir wateten mit dir durch Gischt und Schnellen.
Wir wollten deine blaue Stirn verätzen.
Wir fingen Atem in weltweiten Netzen.
Wir klingelten mit unsren Silberschellen.

Du tanzt mit uns in unsren Rockkonzerten.
Du füllst mit unsren Seelen deine Lunge.
Du schluchzt – und streichelst unsre gelben Westen.

## Vom Warten

Aus deinen Augen blickt der Januar.
Im Februar verschließt du deine Lider.
Ich warte noch bis März – erscheinst du wieder
so traurig, wie im abgelebten Jahr?

Ins leere Hoffen leuchtet der April,
ins Warten, das der Mai mit Blüten füllt,
Erinnerung das Wir in mir enthüllt,
in Nacktheit kleidet, wie's der Juni will.

Im Juli summt das Jahr in *einer* Biene.
Im Glast verschwimmt der Raum – Schon ist August.
Du bleibst mir im September unsichtbar

und zirpst nur fern als Grillenvioline.
Oktober und November – in der Brust
erwürgt Dezembereis ein stilles Jahr.

# An der Kaimauer

In unsrer Schlierenwelt ist nichts für immer.
Das Universum schaukelt mit der Welle
und wechselt Dunkelheit mit Tageshelle,
zerreibt in Farben unsren Kerzenschimmer,

in dem die Meere und die Sterne keimen.
Jenseits der Mauer unsrer Leidenschaft
steht auf uns wartend eine große Kraft
auf die sich unsre Taumelpulse reimen.

„Streut eure Stirnen willig in den Wind,
ihr, die ihr an einander klammert, lasst
all eure Bleigewichte einfach los."

„Wir sind zu schwer, du Gottesrausch, wir sind
selbst dem Planeten Schütte, Fracht und Last.
Für deine Süße ist der Puls zu groß."

DU BIST IM UNIVERSUM AUSGESPANNT,
erleuchtest wie der Tagmond jede Seele,
bist blauer Abend in der Möwenkehle,
und rinnst durch uns hindurch wie Uhrensand.

Wir, die der stille Feldrain so beglückt,
bevor er schwindet wie der helle Gischt,
der Stund um Stunde aus dem Atem zischt,
wir haben Teil am Tod und sind verstrickt

mit unsrem Geld in jede Bombennacht.
Doch unsre Pulse fliehen jeden Schrei
und wünschen nur, dass uns die Zeit verzeih.

Wir schließen unsre Augenlider sacht
und träumen dich als goldene Ikone
auf dass man uns vor fernem Krieg verschone.

# Im Regen

Im Regen sucht die Rose Spiegeltüren,
weil dort im Zwischenraum die Düfte wohnen.
Im Regen schreit ihr Sinn nach Dimensionen
und fällt hinunter zu den Pilzgeschwüren.

Die Stunde gibt sich wie ein Höckerschwan.
Die Schwingen sind wie Milch in schwerer See.
Doch im Gefieder wuchert Albtraumklee.
In seinem Hals ertrinkt die Sternenbahn.

Die Sonne sucht im Wassermond ihr Licht.
An allen Wimpern tropfen die Planeten.
Die Räume rutschen über nasse Schrägen.

Die Liebe findet ihren Spiegel nicht
und strauchelt in den Zug von Kriegstrompeten.
Im Regen hat sie sich verirrt… im Regen…

## Weißes Sonett

Lass mich die Tür vor dir mit Schnee verschließen,
mit diesem klaren Schlüssel des April.
Vor meiner Klinke wacht der Gletscher still.
Im Sonnenlicht will weißer Krokus sprießen.

Doch willst du gischten wie die Möwe fliegt,
der sich das Salz der Zeit im Auge spiegelt,
und bist so weiß, dass sich die Stunde biegt,
dann sei die Tür vor dir nicht mehr verriegelt.

Der Sonnenkalk auf einer Maurerkelle
flieht scheu vor dir von meiner Haustürschwelle.
Du bist so weiß; du machst ein Auge blind,
weil in dir tausend blinde Blicke sind.

So klar bist du wie Eis, so bebend stumm,
du drehst den Schlüssel vor dem Kuss herum.

# Marie de France

Du schrittest aus, als gäbe es die Liebe:
ein weißer Bug aus Schaum im Sommerklee,
ein Schlafbrokat, ein Segel überm See,
als wenn verzweifeln mir als Blüte bliebe.

Nein! Nein! Ein Gral ist deine Buntglasstirn,
ein Brusttuch, dein Gesang, aus hellem Zwirn,
ein Vogelzwischern nahe der Forelle,
und Topasschauer deine Seelenwelle.

In Apfelbäumen weht der Lai d'amour.
Frei und entschleiert glänzt Maria nur
in tausend und in einer fernen Feige.

Du jedoch, du zersplitterst mit uns allen,
wirst mit uns steigen oder mit uns fallen.
Wir schäumen mit dir in die Blütenzweige.

# Du wilde Myrte

Ich streiche über dunkle Augenbrauen,
als wäre ich ein erster Morgenhauch.
Von ihren Lippen küsse ich den Lauch,
um eine Ohnmacht, hell, darauf zu bauen.

Die Wiese, voll von Gift und Feuergarben,
ist hinter meinen Augen wie ihr Du.
Zerblaut im Atem blüht der Frauenschuh,
in dessen Feld wir engverschlungen starben.

Du wilde Myrte, Strudelstern in Wehen,
du Schnee im Sommer zwischen ihren Zehen,
und in den Rankenschatten kühles Moos,

ihr Winde, die uns zueinander küssten,
du Duft von Wasser zwischen ihren Brüsten,
du dunkler Wiesenklee um ihren Schoß!

# Irisches Lied

Im Sommer biete ich Geschwüre dar,
im Herbst verschenke ich mein Purpurschweigen.
Der Wein vertrank sich selbst in meinem Haar,
und will die Stirne in das Wasser neigen.

Verfällt dem weißen Tod ein Farbenjahr,
dann lass ich für dich fiebern wilde Geigen,
dann werden Frühlingsspiegelbilder wahr
und wollen vor dir Gift und Gärten zeigen.

Und nimmst du lächelnd mein Geschenk entgegen,
wird sich zugleich damit der Zweifel regen,
und schon zerplatzt das Glas in deinen Händen.

Dein Puls verweht in Regenwolkenwänden.
Sein Lied willst du mir auf die Zunge legen.
Sein bitterer Geschmack will niemals enden.

# Requiem für einen Zungenkuss

Der Tod ist eine Vase aus Kristall.
Er ist ein winziger geschürzter Mund,
Das Dasein zittert heiß in seinem Rund.
Wie eine Aster schäumt das Sternen-All.

So eine Blumenvase will ich schenken:
es schimmert gelb ein Nervengift darin.
Vergib mir, Liebste, dass ich fröhlich bin,
am Valentinstag so an dich zu denken.

Ich trink dir zu aus hauchgedrehtem Becher
den Toast auf irdische Vergänglichkeit.
Selbst aus den Zifferblättern flieht die Zeit.

Geliebt zu haben, müssen wir verzeihn,
in eins zu schmelzen Blume und Verbrecher,
umarmt zu schäumen – schuf man uns so rein?

# Einer von uns

Er steht allein, ihn fressen Schattenhunde
und ihn verätzt ein Blutzypressenwald.
Und selbst das Echo geht an ihm zugrunde:
„Was du tun willst, das tue bald."

Er träufelt Mandelgift in unsre Adern,
singt in Orangenbäumen seine Klage.
Sein Zweifeln wird in uns zur Menschheitsfrage,
damit wir mit den Spiegelbildern hadern.

Er steht allein. Ist wie ein Kind zerbrechlich.
Traurige Augen sterben hin wie Dochte.
Ein Beutel Münzen zittert in der Hand.

Und wenn jemals die Seele in ihm pochte
– der Höchste, unbewegt und unaussprechlich –,
er ließ sie sinken in den Wüstensand.

WAS KANN ICH SEHN IN JEDER DEINER POREN?
Was überflutet deine nackte Haut?
Du bist von vielen Himmeln überblaut.
Sie träumen uns, denn wir sind ungeboren.

Bald sind wir fortgehaucht aus Illusionen
und Angst, wir könnten jemals bitter werden,
wie Tod, Orangen, parallele Erden,
die Wissenschaft vom Endlos-Weiterklonen.

Bald gehen wir auf eine andre Reise,
in ein Erwachen, das wir selber sind,
weil wir die Sterne auf den Lidern tragen,

und Räume, Zeiten sind nur Wasserkreise,
und die Geschichte ist ein Baum aus Wind
und unser Dasein fernes Flügelschlagen.

DIE WELT ERBLASST und weiß wird jeder Raum.
Nur Dunst und Hauch und Gaze ist die Zeit.
Und scheinbar macht dein Ende sich bereit,
und spinnt dich ein in Netz und Algenschaum.

Wie viele Seelen fließen in dich ein,
wenn dir die Stunde deine Häute wendet,
wenn sich der Schlüssel dreht, dein Dasein endet,
und alles sinkt herab von deinem Sein?

Wie viele Seelen? – Alle! – Alle künden
von ozeanberauschter Ewigkeit.
Du fühlst sie an dir branden, in dich münden,

verströmst dich selbst in alle Lebewesen,
als würdest du in jedem Atem lesen
das Sein: *Ein* Puls, dir nah und sternenweit.

## Vier Nächte

In allerletzter Nacht zerreißt ein Schrei
den zu Basalt erstarrten Ozean.
Der Bleiglanz einer Schwinge weht vorbei:
Und junge Knospen weckt der Goldfasan.

Die Nacht davor erhob sich wie ein Bär.
Sein Herz schwamm hell durch ein Planetenmeer,
und im Gefieder glänzte Jahr um Jahr.
Ich meinte fast, dass es ein Kranich war.

Die Nacht vor dieser war die Liebesnacht,
als deinen Puls ein gold'ner Ibis trank.
Das Weltall gab dem Tau all seine Macht.

Und in der ersten aller Nächte sang
im Chaosstrudel eine Nachtigall,
da kam der Traum der Bitternis zu Fall.

# Ferner Garten

Wenn du die Hand aus meinem Brustkorb ziehst,
als gelte uns nicht mehr die Autobahn,
nicht Zymbel, Genstrang oder Auerhahn,
und wenn du aus den Bienenstöcken fliehst,

dann hinterlässt du mir doch ein Vermächtnis:
Auf meiner Kopfhaut grünt dein dichtes Haar,
und in ihm nistet eine Vogelschar,
sie heckt den Schlaf, mir als ein Traumgedächtnis.

Du weißt: ich trage deinen fernen Garten,
der sich seit je schon in den Böen regt,
in meiner umgedrehten Schädelschale.

Als Tor und Weg und Brücke wirst du warten,
vielleicht als Mädchen, das die Saiten schlägt,
damit ich sie mit letzter Haut bezahle.

ICH BIN AM GARTENTOR an deiner Quelle,
in deiner weichen Bucht, am Pulsgestade.
Magnetisch beugt sich jede Seelenwelle
vor deiner Stirn, dem Bogenmond aus Jade,

denn nur Membran, Libelle ist die Zeit,
und reißt uns Ader, Stimmband, Lebensfaden,
dann schwinden aus der Iris Dunst und Schwaden
vorm großen Rhythmus deiner Ewigkeit.

Du wartest vor dem Tor auf jede Seele,
und schwingt der Gong, fließt jede in dich ein
und findet Ruh' vor ihrer Leidenschaft.

Den Höckerschwan, Mistral und Ukulele,
den Sternenstrom ziehst du mit großer Kraft
aus ihren Träumen in ein helles Sein.

MANCHMAL DOCH öffnen sich die Flügeltüren,
durchsichtig, zartgeädert, wie von selber.
Ein Ziegenpfad, im Sommerniesel gelber
der Iris, will dich durch die Blumen führen.

Du zögerst noch, denn dies scheint allzu seicht
und allzu samten schwebend zu beschreiten
nach all den eisenschweren Widerstreiten,
Unwägbarkeiten, Fragen und Vielleicht.

Ist dieser Weg des Schicksals nächste Falle?
Nein. Falsche Augen können hier nicht lauern:
Zu seelenblau schläft hinten Raum und Halle.

Dein Atem schwingt schon ein in Duft und Helle,
doch harrt dein erster Schritt und will erschauern,
dann hebt ein ein Honigwind dich auf die Schwelle.

# Tempus Fugit

*Sucht, so werdet ihr finden!*
**Jesus**

# Reise unterm Seelenmond

**I**

*(Zellteilung, Briefe)*

Der Mond treibt wie ein Schifflein aus Papier,
von Wasserhand zu andrer Wasserhand,
als träumten wir uns ins Korallenland,
verlören uns in Eins geflossen wir

und tauchten wieder auf aus Meerestiefen,
wie Geist und Selbst an wache Tagesquelle.
Im Morgenlicht verebben Mond und Welle,
Wir bröckeln auseinander, die wir schliefen

und pulsten doch gemeinsam bis es tagte.
Wie eine Bahn aus Eisen glänzt der Strand
und weiß auch wir als zweigetrennte Glut.

Was ich erwachend nicht zu denken wagte
– dein Brief, den ich auf meinem Schreibtisch fand –,
springt wie ein Tiger durch das helle Blut.

## II
*(Studio am Berghang)*


Springt wie ein Tiger durch das helle Blut
der erste Sonnenstrahl der Morgenfrühe,
bricht er auch überm Berg mit leichter Mühe,
was eine Nacht in seine Poren lud.

Der Berg erwacht gespiegelt in den Wogen,
in denen er sich doppelt wiederfindet.
Er schaukelt auf dem umgedrehten Bogen,
dem Prisma, über dem sich Gott verkündet.

Wir glauben gern, er löste uns für immer
aus der Materie, der Macht und Wut,
und machte alles hell und lotosleicht.

Der Berg verschwimmt, als wär er aufgeweicht,
und eines Dunkelsternes Sensenschimmer
liegt in der Asche zwischen Nacht und Glut.

# III
*(Nuancen von Blau)*

Liegt in der Asche zwischen Nacht und Glut
ein kleiner Schauer jener Amethysten,
wie einst er bebte zwischen deinen Brüsten
und zog als Wind durch unser beider Blut?

Nein. Nur sein Blau verdämmert still im Mohn
und auch der Sehnsuchtstraum muss wieder fallen,
wie der kobalt'ne Sperling in den Krallen
des Falken liegt als früher Stundenlohn.

Ja, heilig war der Rhythmus uns'rer Liebe
und nichts Gemeines lag in deinem Stöhnen!
Das Ich zerbarst, das Du zerfloss ins Wir.

Die Zeit will die Erinnerung verhöhnen.
Das Wunder teilt sich unter Tagediebe,
erweckt im Falken Jagdinstinkt und Gier.

# IV
*(Ruhelos)*

Erweckt im Falken Jagdinstinkt und Gier
der halbe Tagmond in der Mittagsstunde,
dass er nicht innehält von seiner Runde
der schrägen Flugbahn durch sein Jagdrevier,

so glüht mir seine Sichel auf der Stirn,
und Geist und Seele sind wie fortgebrannt.
Mir ist, als läge heißer Wüstensand
In trock'nen Adern, ausgehöhltem Hirn.

Ich schweife durch die Stadt: ein wundes Tier.
Ein Hassprophet singt seine Rachepsalmen,
in seinen Händen raucht und welkt die Bibel.

Wie unter Strom summt jeder Häusergiebel.
Erlösung suche ich? – Sie ist nicht hier,
ist blauer Wasserreiher über Palmen.

# V
*(Die Welle in dir)*

Ist blauer Wasserreiher über Palmen
und fern der frühen Kindheit See geworden?
Die Farbe schwand. Glanz wollte überborden
und Stahlwind wütete in Schilf und Halmen.

Wer wanderte noch nicht durchs Wüste Land,
zog nicht die Kutsche mit dem hohlen Lenker?
Die Freundin trug schon ihre Haut zum Henker
und legte deinen Preis in seine Hand.

Und dann, ganz plötzlich, siehst du zu der Linken
die Flügelprismen einer Ente blinken
durch Birkenreihen, eisengitterschlank.

Durch die geteerten Schuppen schweift dein Blick.
Der Morgen liegt noch überm Uferschlick
und letzter Bleiglanz wo der Schuttkahn sank.

# VI
*(Die lange Reise)*


Ein letzter Bleiglanz wo der Schuttkahn sank
(er schlief und rostete jahrzehntelang)
wölkt unterm Blau empor und schlägt die Glasen.
Und Sauerstoff zerplatzt in Spiegelblasen.

Er schweifte weit als leichter Segelgleiter
und träumte sich zu hellgeschweiften Stränden.
Der Fluss streicht über Brückenbau und Leiter,
birgt was er sah in seichten Wellenhänden.

Die Zeit kann eine lange Reise sein,
zugleich dein Freund und treuer Wegbegleiter
bis in die letzte ferne Wolkenbank.

Doch ziehen über dir die Träume weiter –
was rankt in deine Bitternis hinein
ist weißer Efeu, der den Puls verschlang.

# VII
*(Mondkraut)*

Ist weißer Efeu, der den Puls verschlang,
nicht allzu traurig, weil er lange bleibt,
der schleichend dir in deine Adern drang
und der Erstickung Memorandum schreibt?

Wärst du nicht fort, so wüchsen keine Schatten,
noch Male auf den Stirnen, silberblau.
Sieh doch: Skorpione, Schläfen, Zierrabatten
vergessen sich und werden ungenau.

Der ferne Gipfel bebt in seinen Almen.
Sein Schlüssel zittert in der Grundstruktur
und öffnet alle Türen oder keine.

Im Feld verliert sich eine Stiefelspur.
Sie spitzt sich zu und endet. – Ist sie deine? –,
ist Trieb und Mörder in den Schachtelhalmen.

# VIII
*(Werde leicht!)*

Ist Trieb und Mörder in den Schachtelhalmen,
verhülle dich beschämt in schwarzes Tuch,
denn heilig gilt ein blutgetränktes Buch
voll Leidenschaft und dunkler Rachepsalmen.

Das Wesen, das im Wasserpulsen scheint,
schrieb in den Sand: „Der Atem sei dein Spiegel.
Und Angst sei nicht in dir." Du löst den Riegel
und taumelst in den Lotos, lichtvereint.

Steh auf. Enthülle deine Sonnenstirn.
Der Bienenwind, der an den Adern nippt,
wird deiner Haare Nachtgeflecht entwirrn.

Weil es den Feind des Lichts nicht wirklich gibt,
Soll dir der Atemstrom den Sinn erhellen.
Der Mond ist Milch und Perlmutt in den Wellen.

# IX
*(Dein Blut ist Wasser)*


Der Mond ist Milch und Perlmutt in den Wellen,
doch kläre dich und sei nicht somnambul.
Am Popocatepetl wirst du stellen
dich deinen Schatten. Und im Swimmingpool

verblutet schluchzend eine Abendsonne.
In indischen Mangroven die Symbole
der höchsten Gottheit voller Glück und Wonne
glühn in der ärmsten Hütte, in der Kohle,

in Menschenlungen wie in Baum und Tier.
Das alles bist nicht du, doch sind die Stimmen
die auf Altären wie in Büchern glimmen

ein Teil von dir. Und in den Wasserfällen
wie in der Kunst stürzt alles in ein Wir,
liegt in den Tränen, die aus Seelen quellen.

# X

*(Für T.E. Lawrence)*

Liegt in den Tränen, die aus Seelen quellen
nicht Auferstehung, Gnade, Sonnenlicht?
Und auf den überstrahlten Meereswellen –
verströmt sich dort auch deine Freude nicht?

Das Licht in dir glimmt wie ein kleiner Faden.
Du meinst, es könne dich noch nicht erleuchten.
Du willst dich in den Ozeanen baden
und kannst doch kaum die Zunge dir befeuchten.

Vergib dir selbst, was andre nicht vergeben.
Und wenn die Spinnen Netze um dich weben –
all dies verascht in deinem Innenleben,

zerweht wie Staub im Wind aus deiner Hand.
Es liegt im Schatten auf dem Brunnenrand
und giftzerfressen überm Wüstensand.

# XI
*(Bittere Nacht)*

Ja, giftzerfressen überm Wüstensand
verbrennt sich selbst der blaue Sonnenkreis,
nachdem er wie Papier den Mond verbrannt.
In Wind und Dunkel schwebt die Asche weiß.

Dann löscht der Wogentanz die Galaxien,
die nach und nach erbleichen und verbittern,
und über Nebelwolkengalerien
verharrn Kometen, schweigen und erzittern,

wie Worte in der Kehle ungeboren
doch weben am Verstummen dieser Kehle
und Liebe wird am Gegenüber wund.

Der Mensch ertrinkt im Schlaf an seiner Seele.
Phosphoreszierend dämmert er am Grund.
Er schläft im Ozean in den Amphoren.

# XII
*(An morgendlicher Küste)*


Er schläft im Ozean in den Amphoren:
ein kleiner Krake, regenbogenbunt.
Er räkelt sich im Menscherschaffnen und
dringt plötzlich vor, als wär er neugeboren.

Kann auch der Mensch am Morgen so erwachen,
der Sand und Frachtcontainer in sich trägt,
und Uhrenschatten auf die Sonne legt,
den Ruf und Hafen tief im Blut entfachen?

Die Schlierensonne fließt ins Spülicht ein
und liegt wie Milch vergossen auf den Dielen.
Unter den Katzenbuckeln, in Kontoren

verbreitet sich ihr weißbrotmilder Schein,
liegt auch im Trockendock an hohen Kielen
und in den frühen Früchten, traumvergoren.

# XIII
*(Aufkommender Sturm)*

Und in den frühen Früchten, traumvergoren
versinkt der Eisberg der Vormittagsstunde.
Die Sonne wird zum zweiten Mal geboren
und zieht – noch jung – am Hafen ihre Runde.

Erwachend geht das Schiff auf weite Fahrt.
Ein zweites will nicht mehr vor Anker liegen,
mag nicht mehr seidig auf der Welle wiegen,
denn brennen muss, wer jetzt noch hier verharrt.

Der Dieselmotor sehnt sich in die Weite
und in der Bläue gähnen die Portale.
Eisschollen wälzen sich wie Buckelwale.

Du legst das Barometer auf die Seite.
Ein Schimmer marmoriert die Wolkenwand.
und liegt als Judaslohn in deiner Hand.

## XIV
*(Am Skamandros)*

Es lag als Judaslohn in deiner Hand,
was ich dir anvertraute in der Stunde,
die meine Wunde warf auf deine Wunde,
und füllte Lust und Weh bis an den Rand.

Ich kann der Welt nicht mehr vertrauen und
der tiefsten eig'nen innersten Struktur,
und keinen Räuschen, keiner Klarheit, nur
dem vagen Zuspruch aus dem milden Mund:

„Nun, da du leer bist, will ich dich erhellen."
Doch ist der Gott wie Ebbe, Priel und Flut,
dann wieder Aufruhr in mir, in den Wellen,

dann, mitten im Misstrauen, Menschenglut.
Der Tag verweht, der Freund bleibt auch nicht hier.
Der Mond treibt wie ein Schifflein aus Papier.

# XV

*(As der Münzen)*


Der Mond treibt wie ein Schifflein aus Papier,
springt wie ein Tiger durch das helle Blut,
liegt in der Asche zwischen Nacht und Glut,
erweckt im Falken Jagdinstinkt und Gier,

ist blauer Wasserreiher über Palmen,
und letzter Bleiglanz wo der Schuttkahn sank,
ist weißer Efeu, der den Puls verschlang,
ist Trieb und Mörder in den Schachtelhalmen.

Der Mond ist Milch und Perlmutt in den Wellen,
liegt in den Tränen, die aus Seelen quellen,
und giftzerfressen überm Wüstensand.

Er schläft im Ozean in den Amphoren
und in den frühen Früchten, traumvergoren,
und lag als Judaslohn in deiner Hand.

# Verfallszeit

*Möglicherweise für J. A. Prufrock*

> *Es wird Zeit, daß es Zeit wird.*
> **Celan**

## I

Wie den zerstörten Pfau kannst du sie hören,
um dessen Tod das Land sich dezimiert,
wenn sich die Zeit in deiner Haut verliert –
Wenn *du* erschauerst, rauschen auch die Föhren.

Wenn Stolz und Mut noch einmal auferstehen,
obwohl du weißt: sie müssen *auch* verfallen,
wenn sie sich *einmal* noch ins Dasein krallen,
mit Pinien und Birken zu verwehen –

dann singe, weil du doch du selber bleibst,
obwohl die Zeit beginnt, dich zu zersetzen.
Sing trotzig gegen sie vom Segel setzen!

Wenn du den Rücken an dem Stein zerreibst,
sieh! In der Flucht von Dohlen, Raben, Krähen:
wie eine Säule ist die Zeit zu sehen.

## II

Wie eine Säule ist die Zeit zu sehen:
wie ein Geysir von Milch, durchzuckt von Adern.
Was hilft's, mit einer Illusion zu hadern,
und gegen den Tornado aufzustehen?

Die Liebe blüht im Wald als Vogelbeere,
auf die die Zeit sich langsam zubewegt.
Besteht sie, oder wird sie fort gefegt,
als wenn ihr Wort in uns unmöglich wäre?

Die Zeit lässt Leere in der Stirn zurück
und in der Brust ein scharfes, kaltes Wehen.
Du ziehst dich fort, auf Knien Stück um Stück.

Die Hoffnung hilft der Liebe abzusterben.
Die Haut der Stunde selbst zerfällt in Scherben.
Auf einem Blutwurz bleibt sie schwankend stehen.

# III

Auf einem Blutwurz bleibt sie schwankend stehen,
die Zeit, und äfft der Hoffnung hinterher.
Sie lässt die Haut wie eine Puppe leer.
Ich muss verwehen.

Auf Wurzeln voller Weh stand auch die Liebe:
sie wuchs im Wald, umhegt von Nervengiften.
Ich sah sie heute in der Strömung driften
und meinte kurz, dass sie drin stehen bliebe.

Ich wollte lauschen,
doch hatte mir die Zeit das Ohr gefüllt
wie fernes Blau, das in den Muscheln brüllt.

Mir war, als hörte ich die Stimme rauschen
von dir: Ich konnte ihre Mildheit hören
wie Milch, umtanzt von den Erinnyenchören.

# IV

Wie Milch, umtanzt von den Erinnyenchören,
und langsam von dem Nebeldunst durchdrungen,
so zögernd wich der Hauch aus unsren Lungen.
Die Zeit will sich empören,

und glimmen auf den Poren deiner Hand.
Sie sinkt in deine Lebenslinien ein:
unreines Melanom und Krankheitskeim
und schwefelgiftdurchsetzter Wüstensand.

Die Meuterei der Zeit,
die mit der Reinheit unsrer Pulse bricht,
und dem geheimen Wachs in unsrem Haar –

hat sie was weich war in uns schon verbleit?
Wir lebten noch, was längst verloren war.
Die Liebe ist wie Milch und Kerzenlicht.

# V

Die Liebe ist wie Milch und Kerzenlicht,
und unerbittlich misst der Geigerzähler
die Stunden unter dem Kartoffelschäler
Schicht um Schicht.

Dann schließlich sind wir nur gedrehte Dochte,
die ihre Strahlung halb verloren haben.
Wir würden auch nicht wieder aufgeladen
wenn man uns in der Sternensuppe kochte.

Die Ewigkeit,
sie kann die Ohnezeit der Liebe sein,
die Unzeit über einem weiten Land,

doch zwischen uns steht die Verfallenheit,
das Sterben des Urans im Kerzenschein.
Es ist der Zeit, dem Taumeldu verwandt.

## VI

Sie ist der Zeit, dem Taumeldu verwandt, die Unerbitt-
lichkeit uns auszuschmelzen, selbst noch im Winter, unter
Mäusepelzen im kalten Sand.

Mir geht's noch gut am Rand von Einsamkeit und Stille, die
das Einverständnis äfft, und uns in unsren eignen Sphären
lässt, uns jeden in der Selbstverlorenheit.

Und wie geht's *dir*? Wir sind uns schließlich fremd und
unverwandt. Was wäre deine Antwort auf die Frage?

Vergiss den blöden Spruch vom Jetzt-und-Hier. Denn lebten
wir die kupferhelle Sage, um Zeit und Liebe wüchs ein
Wiesenland.

# VII

Um Zeit und Liebe wächst ein Wiesenland, noch fern von unsrem Sein, doch nicht mehr lange. Noch überschminkst du dir die Faltenwange mit deiner alten Hand, doch schau: in unsrem eignen Implodieren verschmelzen alle unsre Wesensseelen zu *einem* Lied in *einer* Vogelkehle. Und doch: wir werden nie uns selbst verlieren!

Nur hier ist es ein wehgefülltes In-uns-Sein, nur hier ist Liebe gleich mit Selbstverzicht. Nur hier sind Unterschiede zwischen Tier und Mensch und Pflanze, Flüssigkeit und Stein, durchzuckt von Flammen wie ein Strafgericht.

# VIII

Durchzuckt von Flammen wie ein Strafgericht will uns die
Zeit von unsren Körpern spalten. Da hilft uns auch kein
bloßes Innehalten, zu denken hilft nicht, nichts hält uns
fest, schon gar kein Reha-Sport. – Zynismus, angesichts der
Guillotine sich noch einmal das Kinn scharf zu rasieren. –
Kein Bunker hilft. Wir müssen alle fort.

Der Glaube nur, der heiße Mut, das Auf-dem-Löwen-Reiten,
Gewissheit, dass wir alle auferstehen: dies hilft uns weiter
in den Kern zu schreiten. Doch wird der Zweifel immer mit
uns gehen. Die Zeit drückt in das Dasein ihre Spur.

# IX

Die Zeit drückt in das Dasein ihre Spur, schon muss der Genstrang vor sich hin mutieren, und muss die Liebe sich ins Gift verlieren. Ihr innerer Lemur verhampelt kühn die letzte Möglichkeit, die letzte Ausfahrt in ein tiefes Leben. Uns hilft kein Diskutiern und Dauerreden. Wir driften träg in die Vergesslichkeit. Wir leben länger. Wir dehnten unsre Haut nach Ost und West und meinten schon, wir wären Widergänger. Wir sind der Strang der Evolution!
Das Gen? Die Schlinge? Wir verliern uns schon, so wird das Sein ein Tanz und Seuchenfest.

So wird das sein ein tanz und seuchenfest! Wir wollen feiern doch uns auch verstecken. Wir wollen die geliebten wunden lecken. Sei mein palimpsest! Diezeit istin unssel bersüß ver go renfriss unserda seinwie die scho kola desei metzger mirhäng michan deinenha ken verliert die zeit nun selber ihren letzten halt? Wir können nur auf ihren fortgang hoffen! Dann sind wir frei und wie die meere offen. Hörst du uns in den muscheln wiederhallen bevor die stunde selber implodiert? Be vordiestundeselberimplodiert? In uns verfallen ist der zeitenlauf und aus dem blutwurz steigt der phoenix auf. er ist lackiert schonin derfar

BE

unsrerbin

DE

hautdielie

BE

trägtseinflir rendes

GE

fiederund in unsklin gengold verchrom

TE

liederund mit denko

LIBRIS

ziehtsuns hinauf. Du bleibst du und ich will meinem innersten verbleiben wenn ich vielleicht in deinen armen ruh. Und noch im traum will meine fingerspur noch violette liebeslyrik schreiben in deine wangenlinientextur.

# XII

In deiner wangenlinientextur – wir beide sind aus sandstein
in der wüste: wie eine zwillingspharaonenbüste – sind teile
einer weiten reifenspur,

dievont raktoren stammtver kiesel teper fektmech anisiert
emastod ontensie glüh tenin demkrei svon horiz onten
alsuns diezeitimb lickzerrie selte

Die zeit: ein wenig staub im augenwinkel von schuppen-
flechten von dem selbstbetrug von augenbrauenhärchen
noch ein rest.

Der Himmel ist wie Asche, Brot und Dinkel, wie Schrift an
einem Terrakottakrug, Verfallszeit, Fleisch und rohes
Palimpsest.

# XIII

Verfallszeit, Fleisch und rohes Palimpsest: so könnte man
den Menschen auch benennen. Und wenn die Beine zu den
Ärzten rennen, stellt sich der Mensch schon selber sein
Attest.

Doch müssen die Betrachter Misanthropen wie Außer-
irdische und Amseln sein? Wir Menschen sind wie Schilf im
Wasserschein, ein Hin- und Wiederklatschen in Synkopen,

vielleicht ein Blütenwald von lauter Küssen,
dem Handkuss und dem Zungenkuss – ja und
dem Judaskuss, dem Kuss, der kalkuliert.

Wie schade, dass wir Abschied nehmen müssen,
mein Mund sich trennen muss von *deinem* Mund,
wenn jede Pore die Struktur verliert.

## XIV

Wenn jede Pore die Struktur verliert,
und deine Züge in Vergessenheit
geraten in der kranken, bösen Zeit,
wenn deine Hoffnung nur noch vegetiert,

dann wird es Zeit, für unsre Zeit, zu gehen,
dann wird es Zeit, nicht mehr mit ihr zu huren,
dann schlägt die letzte Stunde für die Uhren,
dann müssen wir im Wüstensand verwehen.

Wir sind so jung, und müssen so früh sterben!
Wer folgt uns nach, wird unsre Noten erben?
Oh, höchstwarscheinlich sind es Kakerlaken!

Noch einmal soll uns diese Welt betören!
Du siehst sie wie den Kabeljau am Haken.
Wie den zerstörten Pfau kannst du sie hören.

## XV

Wie den zerstörten Pfau kannst du sie hören,
wie eine Säule ist die Zeit zu sehen:
Auf einem Blutwurz bleibt sie schwankend stehen,
wie Milch, umtanzt von den Erinnyenchören.

Die Liebe ist wie Milch und Kerzenlicht.
Sie ist der Zeit, dem Taumeldu verwandt.
Um Zeit und Liebe wächst ein Wiesenland,
durchzuckt von Flammen wie ein Strafgericht.

Die Zeit drückt in das Dasein ihre Spur,
so wird das Sein ein Tanz und Seuchenfest,
bevor die Stunde selber implodiert

in deiner Wangenlinientextur:
Verfallszeit, Fleisch und rohes Palimpsest,
wenn jede Pore die Struktur verliert.

# Wir sind nur Hauch

## I

Wir sind nur Hauch vorm Abgrund der Epochen,
sind eben aus den Meeren erst erwacht.
Im Schatten haben wir uns selbst erdacht.
Das Licht hat über uns den Stab gebrochen.

Wir sind noch jung und voll von Ozeanen.
Kaum schmolzen Kiemen unter unsren Wangen,
sind wir im eignen Fischernetz gefangen,
und Sterne faulen grün in unsren Bahnen.

Und doch blüht Gott in unsren harten Händen
und duftet im Geheimen nach Jasmin.
Und Brot in unsren Mägen ist er auch.

Und wir sind Wind an den Tsunamiwänden.
Wir wollen wieder mit den Schwärmen ziehn,
ein Gotteshauch gewiss, doch nur ein Hauch.

## II

Ein Gotteshauch gewiss, doch nur ein Hauch
sind wir, wie es das Dasein uns bestimmt,
ein kleiner Docht, der in den Sternen glimmt,
im Morgenwind ein unsichtbarer Rauch.

Und doch wird eine Macht zum Wellenbrecher,
die auch in uns vor lauter Sterben schreit.
Zum Umtrunk steht der Schierling uns bereit,
und rauscht zum Bruderkuss im Henkelbecher.

Kristallamphoren, zart – und hochgeblasen,
Frontschweine sind wir und Etappenhasen.
Der Kosmos streicht und füttert unsren Bauch.

Und Engel sind wir, wild und gottergriffen
an den galaktischen Korallenriffen –
und Steine, Gräser, Wurzeln, sind wir auch.

# III

Ja, Steine, Gräser, Wurzeln, sind wir auch.
Grundsteine sind wir für die bunten Moose.
In unsren Achseln blüht die Herbstzeitlose,
Und zwischen allen Stauden sind wir Lauch.

Wir greifen tief in unsre Erde ein
und wirken in ihr wie ein Kompostat.
Wir sind Chirurg, Paketgarn für die Naht,
sind Weg und Falle, Wurzel, Stolperstein.

Wir sind aus Erde – und auch wieder nicht.
Wir wollten Reinheit und wir wurden Bruch.
Wir sind Gravur, tief in uns eingestochen.

Und wir sind Mörder, Gitter und Gericht.
Wir sind der Kaufpreis und der Widerspruch.
Wir haben mit dem reinen Sein gebrochen.

# IV

Wir haben mit dem reinen Sein gebrochen.
Im Grunde sind wir Tiere, sind wir Pflanzen.
Im Steinkreis wollten Teufel mit uns tanzen,
und haben schnüffelnd uns im Schritt gerochen.

So war es nicht. Wir waren eingebunden
in alle wilde Unschuld der Natur.
Wir trugen Gottes Mal und Gottes Spur,
und haben uns begattend selbst gefunden.

So ist es nicht. Wir sind ins Netz verstrickt.
Wir wollten aus dem Kreislauf. Unbedingt.
Wir wollten fliehn. Wir haben's nicht gekonnt.

Doch war es so? Ein Land hat uns erblickt,
das immer noch in unsrem Blut ertrinkt.
Wir sind nur Hauch auf einem Horizont.

# V

Wir sind nur Hauch auf einem Horizont.
Wir sind nur Flor und haben Angst vorm Sterben.
Wir sind ein Mosaik von Spiegelscherben,
in denen sich der Bauch glückselig sonnt.

Wir sind Monsun, Boreas, Wüstenwind,
ein Darmwind brennt in unsren Windungen.
Und Stolz auf unsere Erfindungen
lässt uns erglühn. Wir sind die, die wir sind.

Wir bauen Häuser in der Sonnenflut,
befreien unsre Pulse aus der Enge.
Aus Todesangst ist jede Tür vernietet.

Die Straßen kochen über vor Gedränge,
der Horizont ist schwarz von Fliegenbrut,
wie die Planetenkrümmung ihn uns bietet.

# VI

Wie die Planetenkrümmung ihn uns bietet,
so weit erstreckt sich unser Lebensraum.
Und wir ersticken unterm Regenbaum.
Die Angst ist an die Pulse angenietet.

Die Biomasse ist die Todeszelle.
Wir baumeln daseinshungrig wie am Galgen.
Zu viele Hirne dämmern in den Algen,
benagen die ererbte Sonnenhelle.

Es ist Entsetzen vor dem Nichtmehrsein,
vor dem Versinken in die kalte Schwärze,
die uns das Urlicht mütterlich verbietet.

Es sagt, wir gingen in die Strahlen ein.
Wir sind nur Samen einer Tausendkerze,
und unser Wohnen hier ist nur gemietet.

# VII

Sieh, unser Wohnen hier ist nur gemietet,
die letzte Ruhestätte schon geharkt,
die Nieren ausgesungen auf dem Markt,
auf dem man sich einander überbietet.

Gott ist Geduld. Er ist ein langes Warten,
als würden hinter uns schon Flügel blühen.
Wir müssen uns ins Kristalline mühen,
schon rippt sich unsre Brust um einen Garten.

Wir wissen schon: ein Krieg wird nie gewonnen,
und um die Stiefel schmatzt das Blut, geronnen.
Wie kann man hoffen, wird zum Überwinder?

Auf jeden harren Küsse, honigblond.
Wir wissen nichts. Wir haben wie die Kinder
das Dasein kaum gelernt und kaum gekonnt.

# VIII

Das Dasein kaum gelernt und kaum gekonnt,
schwand eben erst die Höhle mit den Bildern.
In Samt und Halbschlaf wollten wir verwildern
vor einem weiten leeren Horizont.

Wir züchteten die Gemsen um zu Ziegen
und packten auch uns selber bei den Hörnern.
Wir wurden Weizen, rieben uns zu Körnern,
da wollten wir uns selber überfliegen.

Wir flogen mit den blauen Kronentauben.
Der Weizenhorizont war gischtbebändert.
Nur etwas hatte sich zuvor verändert.
Mistrale wollten uns den Atem rauben.

Wir fielen rückwärts in die Todeszone.
Wir sind nur Hauch und eigene Ikone.

# IX

Wir sind nur Hauch und eigene Ikone.
In unserm Innern gährt das Sakrileg.
Wir stehn mit dir auf einem Brückensteg
und reichen dir galant die Dornenkrone.

Du warst der Jüngling mit der Syrinxflöte,
der Zeit und Raum in unsrer Stirn erschuf.
Jedoch – wer hört auf deinen Amselruf,
berauscht von seiner eignen Morgenröte?

Wir sind vor dir in alle Welt geflüchtet,
bis wir auf Wind- und Sonnenkreuzen lagen,
und dennoch schlief in uns ein blonder Garten.

Wir schlugen in die Wälder unsre Scharten.
Wir haben Rosen für dich hochgezüchtet.
Für unsre Gärten sind wir schwer zu tragen.

# X

Für unsre Gärten sind wir schwer zu tragen,
die Häfen ächzen unter unsrer Last.
Die Städte welken in der Sonnenglast
und wollen uns an unsren Fersen nagen.

Die Fauna hat uns wütend angeknurrt.
Wir sind ihr Gegenteil, wir sind absurd.
Wir sind ihr fern, und doch ist sie uns nah.
Wir denken. Sind für Analysen da.

Erkennen wir uns selbst? Sind wir so weise?
Wir schrumpfen, sind der eigne Epigone.
Die Opernhäuser fliehen vor uns leise.

Selbst unsre Rosen tragen an uns schwer.
Die Knöchel fesselt uns ein Binnenmeer.
Auf unsren Schultern lasten die Balkone.

# XI

Auf unsren Schultern lasten die Balkone,
auf denen Nachbarn unter Efeulauben
in Straßenlärm und Nachtigalln ertauben
mit Rotwein unter einer Sternenkrone.

Mit Schuppenflechten unter Schlüsselbeinen
streichen wir heimlich um die Litfaßsäulen,
den Wasserball Frau Lunas anzuheulen,
uns mit Frau Wirtin liebend zu vereinen.

Der Fahrradkorso im Chinesenviertel,
für dich und mich ein Strauß Vergissmeinnicht –
das lässt uns wieder atmen für Momente.

Am Scheitel, der Asteroidengürtel
verleiht den Schläfen modische Akzente. –
Wir sind nur Hauch und Strom und Neonlicht.

# XII

Wir sind nur Hauch und Strom und Neonlicht.
Wie Fruchtfleisch ist die Wohnarchitektur.
Wir fangen damit unsre Windnatur,
bis sich der Affe wieder Bahnen bricht,

der Affe unter Affen in den Zoos,
das Zirkusäffchen auf dem Leierkasten,
dem Kaufpassagen auf den Schultern lasten
und Gänge goldverbrämter Hochglanzklos.

Und einer ist des andren Misanthrop,
an jedem fressen Pein und Eigenlob
und wagen es, die Seele anzunagen.

Der Geist wird weichgespült in Waschmaschinen.
Wir stellen Ängste aus in Glasvitrinen.
Die Sonne schmilzt in unsren Müllanlagen.

# XIII

Die Sonne schmilzt in unsren Müllanlagen,
und dennoch gehn wir ein in die Ideen.
Uns wird ein Duft durch alle Nerven wehn
und wird uns helfen, uns zu überragen.

Zwar ist der Zuchttier-Schlachthof überfüllt,
wir haben die Gewässer zugemüllt –
wir können uns doch selber übersteigen,
einander uns in vollem Glanz zu zeigen!

Wir sind barmherzig, doch vergessen wir:
Geistwesen sind auch Fluss und Farn und Tier,
und spiegeln Gottes lächelndes Gesicht.

Wir können in das Unbekannte springen,
um wieder in die Seelen einzuklingen,
doch fragt man, wer wir sind – wir wissens nicht.

## XIV

Und fragt man, wer wir sind – wir wissens nicht.
Fragt uns ein Gott – was sollten wir ihm sagen?
Denn wir sind Schnecken, haben schwer zu tragen,
zersetzen mit den Schatten jedes Licht.

Vielleicht: „Gott, lass uns wieder Pflanze sein!
Wir alle fließen in die Erde, flüssig,
und sind des Sterbens lange überdrüssig,
drum pflanz uns in die Ewigkeiten ein!"

Doch fragt nicht Gott, fragt uns die Erdgeschichte:
„Seid ihr der Flor in meinem Haar?
Seid ihr ein Bild, in meinen Arm gestochen?"

„Wir sind uns selbst so schwer wie Bleigewichte,
und doch sind wir Sekunden, das ist wahr:
wir sind nur Hauch vorm Abgrund der Epochen."

# XV

Wir sind nur Hauch vorm Abgrund der Epochen,
ein Gotteshauch gewiss, doch nur ein Hauch,
und Steine, Gräser, Wurzeln, sind wir auch,
doch haben mit dem reinen Sein gebrochen.

Wir sind nur Hauch auf einem Horizont,
wie die Planetenkrümmung ihn uns bietet.
Und unser Wohnen hier ist nur gemietet,
das Dasein kaum gelernt und kaum gekonnt.

Wir sind nur Hauch und eigene Ikone.
Für unsre Gärten sind wir schwer zu tragen.
Auf unsren Schultern lasten die Balkone.

Wir sind nur Hauch und Strom und Neonlicht.
Die Sonne schmilzt in unsren Müllanlagen.
Und fragt man, wer wir sind – wir wissens nicht.

# Fuga vom Glanz, vom Kuckuck und vom Kolibri

## I

Glanz ist die Nacht. – Dort kann der Kuckuck nisten.
Dort hast auch du dein Nest aus Brot gebaut.
Zerbetet bist du längst, dir selbst entblaut,
des Daseins letzten fernen Traum zu fristen.

Und Silben schnittest du mir von den Lippen
in atemfeines Aluminium.
Du drehtest mir das Augenweiß herum,
und wuschst mit deiner Gifthand meine Rippen.

Lass mich! Ich bin ja kurz vor dem Erblinden,
da mir im Blick das letzte Windlicht glimmt.
Ich kann im Schweigen meinen Weg nicht finden,

muss straucheln, um aus dir heraus zu fallen
in einen Teich aus Silbergürtelschnallen.
Glanz ist der See, auf dem der Kuckuck schwimmt.

## II

Glanz ist der See, auf dem der Kuckuck schwimmt,
Absurdität auf seinen Zungensaiten.
Wie kann ich einsam übers Wasser gleiten
in seiner Nacht aus Violinenzimt?

Zerfleischt ist meine Kehle, pflaumenfarben.
Und so gelingts mir nicht, mit einzustimmen,
die zweite Geige in die Nacht zu dimmen,
in der die Silben knisternd mir verdarben.

Glanz ist die Nacht, in der es knospt und glimmt,
in der der blinde Kuckuck tanzt und schreit:
Das Dunkel, das auch meine Stirn verbleit,

der Orkusstrom auf dem ich strudelnd treibe.
Der Sänger hascht erschreckt nach seinem Weibe.
Glanz ist die Leier, die der Kuckuck stimmt.

# III

Glanz ist die Leier, die der Kuckuck stimmt.
Wie eine Wunde aufreißt, brennt der Morgen.
Ich will mir einen Schatten von ihm borgen,
der etwas fort von seinem Leuchten nimmt.

Ich binde bäuerlich mein Weh zu Garben,
und an den Wurzeln meines Winterhaares
verberg' ich ein geheimnisvolles Rares:
Batistgeflecht aus Hauch und hellen Narben.

\*\*\*

Den Kuckuck nehme ich zum Leichtmatrosen,
und Nesselhemden liegen in den Kisten.
Mein Nervengift zerrt schon am Segeltau.

Absurdes Leben, tauch ins Wogentosen,
und färbe meine Stimme eisengrau.
Glanz ist der Atem, den am Wind wir hissten.

# IV

Glanz ist der Atem, den am Wind wir hissten.
Er flog wie eine Möwe in den Raum,
verlor sich hinter Flut und Wellenschaum
und in Geschwüren, Adern, Kehlen, Zysten.

Für Blutgeld will ich einen Hafen kaufen,
dem Mittag einen weichen Bernsteinkai,
dass in den Augenlidern wieder sei
ein Wasserspiegellicht in hellen Schlaufen.

Ein Ölzweig ist's, von dem der Kuckuck singt,
ein Rebenzweig für dies absurde Sein.
Der Tagmond – eine weiße Turtelschwinge –

geht wie ein Kuss in meine Kehle ein.
Glanz ist die Hoffnung, die ich roh verschlinge,
Glanz ist die Traube, die die Lerche bringt.

# V

Glanz ist die Traube, die die Lerche bringt,
wenn sich das Sonnenrund verströmt in Schlieren,
und sich die Lippen schmal in ihm verlieren,
wenn still der Tag am Hafenkai versinkt.

Nur kurz am Haaransatz will's Abend werden,
und schon verraucht es hinter meiner Stirn.
Die Schleuse hebt sich, flutet mein Gehirn.
Der Hirte treibt zum Schlaf die Lavaherden.

Wär nicht der Traum, es wär ein Tausendsterben:
Man schließt die Lider und die Welt ist tot,
weil sich im Samt die Lerche nicht mehr regt.

Doch *ist* der Traum. Zerbricht in Spiegelscherben.
Die Lerche schlägt erschreckt ins Morgenrot.
Glanz ist der Tau, den sie im Schnabel trägt.

# VI

Glanz ist der Tau, den sie im Schnabel trägt,
Feldlerche, erd- und küstenwindgeboren.
Der Morgen hat die Träume abgeschoren,
der an den Herzen wie ein Heimchen sägt.

Der Mittag ist als Falke aufgestiegen,
taucht tausend Fingerspitzen in die Glut,
entzündet alle Nerven, alles Blut,
doch will in Wiesenrainen müßig liegen.

\*\*\*

Der Abend schenkt sich selber in Tavernen,
wie er zur blauen Zeit das Sein berauscht,
das Licht einschaltet und die Schlüssel tauscht,

den Ausweis und die Bahntickets verlegt,
und der Revolten macht in Mandelkernen.
Glanz ist sein Lied, das durch die Nächte schrägt.

# VII

Glanz ist das Lied, das durch die Nächte schrägt.
Glanz ist die Geige, die der Kuckuck spielt.
Glanz ist der Morgen, der in Nerven sielt,
die jähe Taube, die im Brustkorb schlägt.

Glanz ist der Kuckuck der Absurdität,
die Lavaspalte, eines Daseins Bruch,
der Malstrom, strudelnd im Kalenderspruch.
Glanz ist der Halbmond, der die Haut vernäht.

\*\*\*

Liebfrauenminne bringt mich zum Ersticken,
Stromkästen, Dampfturbinen manchmal auch,
und auch den Schalter ein und aus zu klicken.

Doch manchmal ist's ein Lied, das in mir singt,
und das du trinkst wie Kuss und Kerzenrauch.
Glanz wird mein Atem, wenn er dich durchdringt.

# VIII

Glanz wird der Atem, wenn er dich durchdringt,
auch wenn als Kuss er dir unmöglich ist.
Das Leben spielt die Liebe als Solist,
auch wenn der Ton mitunter still verschwingt.

Glanz keimt im Nacken als Libellenlarve,
die auf der linken Schulter sich verpuppt.
Das Dasein, kostbar, endet so abrupt.
Der Rahmen bricht, und jäh verstummt die Harfe.

\*\*\*

Noch sirrt ein Glanz auf dir, ein Kolibi,
noch spielt Musik von fern die Melodie.
Stimm ein, dass nicht der Ton in dir verklingt.

Für jeden Pulsschlag sollst du dankbar sein.
Der Kuss verdirbt im Mund. Nicht lange singt
der Kolibri auf deinem Schlüsselbein.

# IX

Der Kolibri auf deinem Schlüsselbein,
die Nerven – deine Meeresschauerwellen –,
Zerrüttung deiner zarten Pulslibellen:
Der Kirschbaum blüht. Unmöglich, hier zu sein.

Das Dasein hier: absurde Kostbarkeit.
Das Leben hier: des Berges Kolibri.
Das Sterben hier: Versinken in das Nie,
ein Nichtgewesensein von Glück und Leid.

Als Keimling wurdest du zuletzt geboren,
als Bitterschatten bist du dann erwacht
und taumeltest in eine Liebesnacht
und sehntest dich doch immer zu den Sporen.

***

Die Liebe muss für immer sein! Für immer!
Der Kolibri ist ferner Gletscherschimmer.

# X

Der Kolibri ist ferner Gletscherschimmer.
Er spiegelt sich auf allen Fensterscheiben,
als wollte er in deinen Adern bleiben.
Schon scheint ein Vogelmorgen in dein Zimmer.

Der Glanz des Meeres ist ein Kolibi.
Der Glanz der Tiefe ist ein Tintenfisch.
Der Glanz der Seele scheint auf deinen Tisch
und tanzt verrückt zur Daseinsmelodie.

Erschreck nicht, wenn der schwarze Ibis schreit.
Du bleibst. Du löst dich nur aus Illusionen.
Aus deiner Seele weicht ja nur die Zeit.

Du mündest in die Ewigkeitsäonen.
Dein Atem flirrt. Noch will man dich verschonen.
Der Kolibri – dein Atem weiß und weit.

# XI

Der Kolibri – dein Atem weiß und weit.
Sein Rachen will das ganze Sein verschlingen,
doch muss ein schwarzer Schatten in ihm singen:
der Ibis Tod, sein Schnabel Ewigkeit.

Wie süß ist das fragile Erdenleben!
Sein Glanz ist eine weiße Lotosblume.
Dein Tod ist Rückkehr in die Ackerkrume.
Du bist Membran, Erschütterung und Beben.

Man will nur leben und verdrängt den Tod.
So blutet man in einen Wiesenrain,
so fällt man Tag um Tag ins Abendrot.

Glanz ist die Kuckucksbrust, ihr Sternenschein.
Die Schwinge Glück, die rote Schwinge Not:
Das ganze Leben muss ein Vogel sein.

# XII

Das ganze Leben muss ein Vogel sein,
so meinst du, und bist dennoch transzendent,
weil deine Seele ihre Gottheit kennt
und weiß: sie mündet singend in sie ein.

Und doch erschreckst du wenn der Ibis schreit
und wenn der Kuckuck deine Not verlacht.
Du saugst das Sein ins Blut, die Liebesnacht,
schreibst Vers um Vers in die Zerbrechlichkeit.

Wir tanzen in den Gittern und Gestängen.
Man straft uns nicht, wenn wir am Leben hängen.
Wir sind in Gott, und nur getäuscht von Zeit.

Alles verändert sich. Es ist nur Schimmer,
nur Abglanz auf der Haut der Ewigkeit.
Das ganze Leben flieht. – So bleibt's für immer.

# XIII

Das ganze Leben flieht. – So bleibt's für immer.
Flucht ist die Ente, die im Strudel treibt.
Flucht ist ein Ich, das sich in Sterne schreibt.
Flucht ist die Nacht, ihr Galaxienschimmer.

Flucht ist der Glanz geheimer Apfelsinen,
der aufglüht und verraucht an meinen Schläfen.
Der Garten schwimmt in eins mit Schlierenhäfen.
Flucht ist der Zimt der Nacht in Violinen.

Flucht ist der Schuttkahn mit der Last der Zeit,
des Rosenblütendufts Verworfenheit.
Flucht ist der Pfau, der durch die Nächte schreit.

Flucht ist der Kuss, der dir im Mund verdirbt,
das Dasein, das in eine Liebe stirbt.
Das ganze Leben ist Unmöglichkeit.

## XIV

Das ganze Leben ist Unmöglichkeit:
Ein Harlekin, der auf zwei Seilen tanzt,
sein Abziehbild, dir aus der Haut gestanzt,
wie er jongliert in seinem Sternenkleid.

Sein Foto schläft in der Zigarrenkiste,
so geht es tausendfach rund um die Welt.
Es kommt nach Hamburg, ins Nomadenzelt,
und wird geführt in einer Cargoliste,

verschickt als Katalog im Glanzpapier.
So kommt es schließlich auch zurück zu dir
in Milliarden von Zigarrenkisten.

\*\*\*

Abglanz vom Leben liegt im Elsternest.
Abglanz von Nestern liegt im Nachtgeäst.
Glanz ist die Nacht. – Dort kann der Kuckuck nisten.

# Der Glanz

Glanz ist die Nacht. – Dort kann der Kuckuck nisten.
Glanz ist der See, auf dem der Kuckuck schwimmt.
Glanz ist die Leier, die der Kuckuck stimmt.
Glanz ist der Atem, den am Wind wir hissten.

Glanz ist die Traube, die die Lerche bringt.
Glanz ist der Tau, den sie im Schnabel trägt.
Glanz ist das Lied, das durch die Nächte schrägt.
Glanz wird der Atem, wenn er dich durchdringt.

Der Kolibri auf deinem Schlüsselbein,
der Kolibri ist ferner Gletscherschimmer.
Der Kolibri – dein Atem weiß und weit.

Das ganze Leben muss ein Vogel sein.
Das ganze Leben flieht. – So bleibt's für immer.
Das ganze Leben ist Unmöglichkeit.

# Meditation auf die Farbe Hellblau

## I

Manchmal bleibt wolkenblau der Klang der Stirn
inmitten aller Stimmen und Motoren.
Du schließt die Sinne: Atem, Augen, Ohren,
um Zeit und Weg und Denken zu entwirrn.

Die Zeit verstreicht, doch etwas bleibt für immer:
es ist ihr Puls, das *Innerste* der Zeit.
Der Weg verliert sich. Land wird atemweit.
In die Gedanken mengt sich blauer Schimmer.

Die Blumen wandeln sich, entfalten tropisch,
vielleicht nicht irdisch ihre bunten Düfte.
Und deine Blicke werden mikroskopisch
und streichen dem Atom über die Hüfte.

Dein Flammenflug ins Blau: er will nicht landen,
wenn grelle oder dunkle Farben schwanden.

## II

Wenn grelle oder dunkle Farben schwanden,
sich jeder Weg im Blau verloren hat
und Nebenpfade richtungslos sich wanden
wie Wasserschlangen, spiegelblass im Watt,

kondensgestreiftes Blau, vom Kerosin
zernarbt, wie auch vom Flug der Kormorane,
im Wolkenweiß der Waffenstillstandsfahne
zerfasert schlafende Gedanken fliehn,

wirst du gewahr den Duft von Schleierflügeln,
die hinter deinem Rücken dich entbanden
jeglicher Wirrnis zwischen Raum und Zeit.

Du schwebst durch Tunnel Lichts, nichts kann dich zügeln.
Du siehst die Sonnen sich verströmen weit
und transparente Fächer sie umranden.

# III

Wenn transparente Fächer sie umranden,
die unsichtbare Seelensonnenglut,
fühlst du den Selbsthass, Leidenschaft und Wut
unter dem milden Küstenwind versanden.

Du wirst zum Gong in einem offnen Haus.
Die Weite hat dich in ihr Blau getaucht.
Dein Blick schweift uferlos ins Nichts hinaus,
dieweil der Puls sich als ein Segel baucht.

Du lässt die Haut zurück, die Außenwelt.
Mag dir der Zeitenstrom das Haar entwirrn.
Und wenn ein Sonnenwind das Ruder hält,

gesell dich zu den Haien und Delfinen.
Sie ziehen fort, du atmest hell mit ihnen.
Du treibst im Strom, anstatt umher zu irrn.

# IV

Du treibst im Strom, anstatt umher zu irrn.
Gestrafft vor Tau sind die Gedankenschwingen.
Und schweigst du, hörst du hell die Stille singen
und zart die Bachlibellenflügel sirrn.

Und machmal harrst du aus mit den Forellen
und gibst dich ihren Wellenspielen hin.
Du fragst den Kiesel nach dem letzten Sinn,
und deine Haut tanzt über Wehr und Schnellen.

Und deine Augen gehen über'n Halm
ins Wurzelwerk bis in den kleinsten Zwirn.
Der Blick der Iris wird zum Kirchenbau,

das Molekül singt ihm den Hirtenpsalm.
So wird zuerst das Gras der Wiese blau,
dann steigt der Atem wie ein Meer ins Hirn.

# V

Dann steigt der Atem wie ein Meer ins Hirn,
du hauchst die Bläue in die Pappelzweige
und in die Vogelkehlen. Wirst zur Geige.
Wirst linder Segelwind und Bienensirrn.

Du gibst den Wellenrausch von Mund zu Mund
und baust Basiliken aus lauter Küssen
und hältst das Lied zurück vom Sterbenmüssen
in Meereshorizont und Erdenrund.

Du atmest ein, als würdest du ertrinken
an Honigtau und heißem Sonnenlicht.
Atme nur ruhig, noch versinkst du nicht

und wirst an Gottesbläue nicht zuschanden!
Das Meer ist nah. Rührts schon an deine Klinken?
Zunächst scheint es von Ferne an zu branden...

# VI

Zunächst scheint es von Ferne an zu branden:
was blau und hell ist, Wind und Ozean.
Was dich erschauern lässt, das bricht sich Bahn,
fegt über dich und tilgt, was abgestanden.

Bleib dennoch du. Bleib ruhig und gelassen.
Gleich einer Sonnenknospe strahlt dein Licht.
Die Wogensichel saust, doch tilgt es nicht,
noch kann es Angst und Schuld jemals erfassen.

Denn was im Seeleninnern ist vorhanden,
kann nur des Gottes Gegenwart erschüttern
und spiegelt alles an der Außenhaut.

Vor Ihm ist nur ein *freudiges* Erzittern,
der erst wie eine Tiefe in dir blaut,
um wie ein Fluggerät in dir zu landen.

# VII

Scheint wie ein Fluggerät in dir zu landen,
vor welchem sich ein Meer fast senkrecht hob,
elektrisch knisternd Funkensturm zerstob
und Stratosphären statisch sich entbanden,

dann ist's in deinem Seeleninnern nicht
das was es schien vor wenigen Sekunden:
Es dreht nur eine Möwe ihre Runden
und schneidet ihren Schatten in das Licht.

Die Gottheit naht in stillen Fächelwinden
und freut sich, dass sie dir willkommen ist
in Farbenspektren, sichtbar nur den Blinden,

Gedankenliedern, hörbar nur im Hirn.
Du atmest tief, bis du dich selbst vergisst.
Du fühlst die Adern sanft in dir entwirrn.

# VIII

Du fühlst die Adern sanft in dir entwirrn,
berührt von einer unsichtbaren Hand,
die dich von deinem Äußeren entband.
Du hörst zuerst ein leises Schwingenflirrn,

und du versuchst es dir rasch einzuprägen,
dieweil sich deine Seele isoliert,
ein sanfter Blick ihr Inn'res anvisiert,
als würde Sonnenlicht ins Zimmer schrägen.

Dir ist, als lösten sich von dir die Glieder.
Zunehmend lauter wird der reine Klang.
Dein Selbst ist Spiegel, Gong, Kristall und Vase.

Du gleitest eine helle Bahn entlang
in Klarheit und glückseliger Ekstase.
In dir verklingen goldverchromte Lieder.

# IX

In dir verklingen goldverchromte Lieder.
Dein ganzes Leben ist Gesang geworden.
Und Melodien wollen überborden.
Ihr Zinngewicht, es beugt dich, knickt dich nieder.

Du wandeltest dich um zum Syrinxrohr,
und in dir sang der Seelenozean
und drang wie Glanz und Sonnentau und Wahn
selbst aus den Adern deiner Hand hervor.

Einst standst du säulenfest als Marmorstele,
dann trat das Blut auf deine tauben Lippen
dann schmolz auf deiner Stirne der Rubin.

Und heute willst du mit den Gänsen ziehn.
Die Lieder brechen dir die Rippen,
dann reißen dir die Saiten in der Kehle.

# X

Es reißen dir die Saiten in der Kehle.
Dein Atem ist mit Liedern überfüllt.
Membranen platzen. Sonne wird enthüllt,
dass sie dich kreuzige, den Leib dir pfähle.

Die Außenwelt, sie tauscht sich mit dem Innen.
Es schwinden Bitternis und Fütterungen.
Dein Atem schwillt in Rausch-Erschütterungen.
Nun singe! Hebe an! Lass neu beginnen!

Du kappst das Ankertau und alles Schwere
und schwingst dich auf den weißen Möwenbord,
legst Feuer an und brennst die Farben fort,

auf dass der Wind dich aus den Gluten schäle.
Von ferne rauscht es an: hellblaue Leere,
Es zieht dich wie ein Sog in deine Seele.

# XI

Es zieht dich wie ein Sog in deine Seele.
Nach außen stößt du die Koronen fort,
nach innen schmilzt zunächst dein Daseinsort,
und weiße Flammen füllen deine Kehle.

Es ist dein eigner Atem – diese Gluten,
doch mischt sich auch ein hoher Geist hinein.
Für ihn kann selbst dein Licht verschattet sein:
lunares Spiegeln in den Schlierenfluten.

Dein Strahlenglanz entwickelt seine Wellen,
beginnt die schwarzen Räume aufzuhellen.
Die Eruptionen schmecken wasserlind.

In ihnen branden immer neue Lieder.
Doch wo im Innern Sonnengold gerinnt,
da ist das Glück! Von dort kommst du nicht wieder.

# XII

Da ist das Glück! Von dort kommst du nicht wieder.
Du bist im Seelenzentrum angelangt,
wo sich der Tanz der Liebe um dich rankt,
und wo du schmilzt in deine tausend Lieder.

Durch deinen Lichtquell treiben Universen.
Du wohnst in jedem einzelnen Atom,
bist süßes Wasser, Milch und Brandarom,
bist Urmeer, Genstrang, Rhythmus in den Versen.

Wär nicht die Liebe, die dich ewig bindet
(sie ist wie Licht und Wasser unverdorben
und wie der Sturm, der vor den Blicken steht),

du wärst nicht wie die anderen gestorben,
deren Vergehen traurig man verkündet.
Verstummt ist das Herzrhythmusmessgerät.

# XIII

Verstummt ist das Herzrhythmusmessgerät.
Ein Brustkorb fällt zusammen. Ist es deiner?
Wir trauern zwar. – Verloren ging noch Keiner,
und hat den Platz schon, wo die Reinheit weht.

Man streitet sich, man hält sich auch die Treue
und ist im Grunde schon sehr nah bei dir.
Denn jeder trägt in sich die selbe Bläue,
sie liegt in Menschen, Pflanzen und Getier.

So ist die Zeit an sich nur Illusion:
ein Nebel um den Blick der Ewigkeit,
der leicht zerreißt, ist man vom Leib befreit.

Man braucht nicht trauern, dass die Zeit vergeht,
denn Gottes steter Hauch zerbläst sie schon.
Ein leiser Wind nur treibt durchs Blumenbeet.

# XIV

Ein leiser Wind nur treibt durchs Blumenbeet,
deckt unsre Urangst vor den Schmerzen auf,
der Liebesleidenschaften Ausverkauf,
und was noch in den Leuchtreklamen steht.

Die Angst vor Hunger, ausgeliefert sein,
vor nackter Einsamkeit und großem Frieren.
Wie soll man seine Schwäche transzendieren
und mündet in die Herrlichkeiten ein?

Beginne, dich im Innern aufzuräumen.
Versuch zunächst Gedanken zu entwirrn,
und was sich an Gefühlen um sie schart.

Die Gottheit hat Geduld auch mit den Träumen.
Vertraue ihr, fühl ihre Gegenwart.
Manchmal bleibt wolkenblau der Klang der Stirn.

# XV

Manchmal bleibt wolkenblau der Klang der Stirn,
wenn grelle oder dunkle Farben schwanden
und transparente Fächer sie umranden.
Du treibst im Strom, anstatt umher zu irrn.

Dann steigt der Atem wie ein Meer ins Hirn:
zunächst scheint es von Ferne an zu branden,
dann wie ein Fluggerät in dir zu landen.
Du fühlst die Adern sanft in dir entwirrn.

In dir verklingen goldverchromte Lieder,
dann reißen dir die Saiten in der Kehle.
Es zieht dich wie ein Sog in deine Seele.
Da ist das Glück! Von dort kommst du nicht wieder.

Verstummt ist das Herzrhythmusmessgerät.
Ein leiser Wind nur treibt durchs Blumenbeet.

# Gebet

Ich halte meine apfelgroße Seele
in meinen Händen, biete sie dir dar,
dir und dem tiefen Meer in deinem Haar,
aus dem ich zaghaft erste Muscheln wähle.

Und dieser Apfel schimmert sonnenblau,
weil sich dein Meer auf seiner Schale spiegelt.
Dein Hauch hat meine Wellen aufgewiegelt,
strafft meine Nervengluten vor dem Tau.

Und wenn ich betend meine Hände falte,
als würden sich zwei Blätter darum legen,
so nimm die Frucht mit ihren Stürmen an.

Weil ich ihr Schluchzen in der Palme halte,
bedecke sie mit Ozean und Segen,
damit sie ganz in dir versinken kann.

# Anhänge

## Glossar

**Asteroidengürtel** – Trümmerring vermutlich eines explodierten Riesenplaneten. Der Asteroidengürtel liegt zwischen den Planeten Mars und Jupiter.

**Barometer** – Gerät zum Messen des Luftdrucks

**Basiliken** – dreischiffige Kirchengebäude, in griechischer Zeit als Markt- und Gerichtshallen verwendet.

**Boreas** – Nordwind

**Celan, Paul** (1920-1970) – deutscher Lyriker und Übersetzer. Seine „Todesfuge" zählt zu den bekanntesten deutschsprachigen Gedichten.

**Direktive** – Anordnung, Arbeitsanweisung

**Erinnyen** – Rachegöttinnen in der griechischen Mythologie

**Eruptionen** – Vulkanausbrüche, Sonnenwinde

**Fauna** –Tierwelt

**Fuga** – lat. für Fuge: sich wiederholendes musikalisches Thema

**Genstrang** – Träger der Erbinformation in jeder Körperzelle. Mütterliche und väterliche Erbinformationen bilden im Nachkommen einen neuen Genstrang, der in jeder Zelle wie ein unverwechselbarer Fingerabdruck ist.

**Ioanis Apostolos** – griechisch für den Apostel Johannes

**Kerosin** – leichtes Petroleum, Düsentreibstoff

**Koronen** – Strahlenkränze

**Lai** – mittelalterliche Versdichtung

**Marie de France** (1135-1200) – französische Dichterin des Hochmittelalters.

**Melanome** – Leberflecke, Hautunreinheiten, Hautkrebs

**Membran** – „Häutchen", Trennschicht u.a. an Bindegewebe

**Memorandum** - Gedenkschrift

**Metronom** – Taktzähler in der Musik

**Misanthrop** – Menschenfeind

**Mistral** – südfranzösischer Wind, dessen permanente Böen angeblich wahnsinnig machen können.

**Molekül** – Kleinstteilchen, aus zwei oder mehr Atomen zusammen gesetzt.

**Monsun** – jahreszeitlich zyklisch auftretende Winde in den Tropen, besonders im Gebiet des Indischen Ozeans.

**Ornitologie** – Vogelkunde

**Palimpsest** – Überschreibung eines Textes mit einem zweiten Text.

**Pegasus** – geflügeltes Pferd in der griechischen Sage. Er gilt als Sinnbild der Poesie.

**Phasenprüfer** – elektisches Messgerät für die Stromspannung.

**Popocatepetl** – hoher, periodisch noch tätiger Vulkan in Mexiko

**Prismen** – geometrische Körper, die das Licht in Farben brechen

**Prufrock** – Kunstfigur des Dichters T.S. Eliot (1888-1915)

**Requiem** – musikalisches Totengedenken

**Sakrileg** – Gotteslästerung

**Sarabande** – höfischer Tanz des 16. Jahrhunderts

**Schachtelhalme** – urzeitliche, den Farnen verwandte Bäume

**Skamandros** – Fluss in Kleinasien in der Troas, heute Türkei

**somnambul** – schlafwandlerisch, mondsüchtig

**Stratosphäre** – Ozonschicht, Teil der Erdatmosphäre

**Synkopen** – verschobene Betonung von Takten in der Musik, besonders im Jazz und in der Rockmusik.

**Syrinxrohr** – Schilfrohr als Flöte. Nach der griechischen Mythologie war Syrinx eine Quellnymphe, die von der Waldgottheit Pan verfolgt wurde. In ihrer Verzweiflung verwandelte sie sich in Schilf. Die Flöte ist – auch in der indischen Mythologie – ein Sinnbild für das durch den Atem Gottes beseelte Wesen.

**T.E. Lawrence** (1888-1935) Britischer Offizier, Archeologe und Schriftsteller. Führte im Ersten Weltkrieg den arabischen Aufstand gegen die Türken.

**Tempus Fugit** – lat. „Die Zeit fließt"

**Timbre** – Stimmfarbe. Jede Stimme hat ihr individuelles Timbre.

**transzendent** (lat. „überstiegen"), das Göttliche, jenseits der Erfahrung und normalen Sinneswahrnehmung liegende.

**zyklisch** – sich wiederholend

**Tsunami** – hohe Flutwelle nach Erdbeben

**Vigilie** – Nachtwache, Nachtgebet

**Zyklon** – tropischer Wirbelsturm

# Inhalt

## Der Autor

**Andreas Vierk** über sich selbst: „Geboren und aufgewachsen bin ich im Westteil Berlins. Ich bereiste fast alle Länder Westeuropas und schreibe seit meinem zehnten Lebensjahr Prosa und Lyrik. Die Beschäftigung mit Fossilien ließ mich den Abgrund der Zeit erblicken, Designermöbel und Architektur die Wunder des Raums und die Idee des Menschlichen. Meine umfangreiche Bibliothek nenne ich scherzhaft *Kammer der Weisheit und Frömmigkeit*. Im April 2015 brachte ich meinen Lyrikband *Septemberstrand* heraus, und fast auf den Tag 2016 den Prosaband *Café Shirokko.* . Der vorliegende Sonettenband *Tempus Fugit* und sein Zwilling *Ariadne* erschienen beide 2017. Ich schreibe und atme in Berlin."